萌萌动物，治愈童心。开怀面对，化解烦恼。

帮助孩子解决烦恼

159个实用方法指南

[日] 热海康太 / 著

潘郁灵 / 译

U0532622

湖南少年儿童出版社 · 长沙

HUNAN JUVENILE & CHILDREN'S PUBLISHING HOUSE

感谢选择本书。

我想,你会拿起这本书,应该是因为正在为一些事情感到烦恼或焦虑吧。

首先我想说:你很棒!

有烦恼,说明你十分努力地生活着。有烦恼,说明你正在为了"成为更好的自己"而不断努力、成长。积极思考、不将问题推给别人的你,真的很优秀哟。

但是,苦思冥想毕竟还是一件很费神的事情。因此,当你遇到难题时,不妨翻翻这本书,因为里面介绍了能让你和烦恼说"拜拜"的小妙招哟。

我是一名小学教师,所以平时经常倾听学生们的烦恼。我上小学的时候,也和你一样遇到过很多难题,所以我非常理解这种苦闷和烦恼的心情。后来,为了更好地帮助孩子们,我努力学习了许多心理和教育方面的知识,功夫不负有心人,我终于找到了能够解决烦恼的好方法。

那就是——提前准备三种方案,逐一尝试。孤注一掷容易失败,也有可能你准备的方案并非你想要的解决方案。但如果做好三种准备,就会觉得"这个方案或许更容易一点""这次不行,还有两次机会",自然也就不那么容易焦虑了。

做好三种方案后,或许你就能从中找到最适合自己的方法,也能继续深入思考,找到"这么做可能更好"的升级方案。本书能够帮助你自然而然地提高独立思考、选择的能力及掌握解决问题的技巧。

那么,现在就继续翻页,翻到写着你的烦恼的那一页,试试我提出的"三种方案"建议,一起和烦恼说"拜拜"吧。

热海康太

本书的特点和阅读方法

这是一本迄今为止未曾有过的"萌系解忧三招式指南书"。就算你已经通过书中的方法解决了眼下的问题,你也可以再次翻开这本书,这里依旧有一群萌趣十足的动物会陪伴你左右。相信它会成为你爱不释手的一本读物。

本书列举了共计53个烦恼。这些烦恼常常困扰着孩子们。相信你也能在这本书中找到解决它们的方法。

> 烦恼集 36

我丢三落四

> 哎呀,我又给忘了!

本书会在一个对页中提到一个具体的烦恼问题。为方便大家查找,书中把内容分为四个章节,分别是:心灵的烦恼、人际关系的烦恼、学校生活的烦恼,以及课余生活和家庭的烦恼。可以先翻看自己感兴趣的章节哟。

看来,动物们也和你一样有烦恼。希望你可以从它们身上汲取治愈的力量。当你感到心烦意乱的时候,可以先看看它们的可爱模样放松一下。

084

烦恼集 外传

名人也有烦恼

纵使是在教科书上留名的"伟大人物",他们其实也有过各种各样的烦恼哟。只是他们从未放弃过属于自己的人生,所以才能最终化烦恼为力量,让烦恼成为照亮未来的明灯。就让我们一起走进名人们的故事,学习他们的解忧之道吧。

2

 搞定!

本书的独有魅力

❶ 看看小动物缓解焦虑
❷ 选出中意的解决方法
❸ 实际着手尝试

闷闷不乐的坏情绪让你喘不过气了吧。那么，我们就先来看看书本左页毛茸茸的小动物们来放松一下吧。等心情平复后，再读一读右页的方法策略，便能感觉豁然开朗了。接下来，就只剩下把想法付诸实践这一步啦！有了这本书，你就可以在治愈心灵的过程中，不知不觉地解决烦恼。

和小朋友们朝夕相处的一线教师准备了三种思维方式或解决方案来为你解决烦恼。请自己思考，并选择最适合的方法吧。

 1 想想如何应对

等你长大了就会发现，即使犯迷糊忘了什么事情，也总能找到解决办法的。比如向老师或朋友借忘记的东西，或是加把劲儿来弥补未完成的任务。总之，一定会有办法的。所以如果因为丢三落四而犯了错，首先要做的应该是冷静下来好好想想："还有没有什么别的办法呢？"

 2 想一想，为了明天不出差错，能提前做些什么

如果因为记性差而总是丢三落四的，那就更要想办法改正健忘的毛病。如果你只是"提醒自己不要忘记"，那你甚至可能会忘了提醒，所以要掌把重要的事情记在随身携带的小本子上，或者在书包的开口处贴一张显眼的纸条等，努力让自己不再丢三落四。

 3 想一想，怎样才能养成有条不紊的习惯

养成不丢三落四的好习惯。在出门前、回家后都要有意识地检查确认东西是否有遗漏。给自己定下规则，如"做好准备后才可以玩游戏"或"出门前检查好随身物品"等，也可以在日历上贴一些醒目的便签。

"治愈心情"和"解决方法"双管齐下！

每条建议都各有道理，所以不必只执着于其中的某一个做法哟。在你犹豫不决的时候，可以通通试一遍，也可以尝试将它们融会贯通，创造出只属于自己的方法哟！

 烦恼集 外传

运用脑科学来解决烦恼

你知道吗？无论是幸福、快乐和悲伤等情绪，还是思考、睡眠和记忆等行为，其实都不由你的意志掌控，而是由大脑所控制。此处将为你介绍许多与烦恼有关的研究和实验结果，希望能更好地从脑科学的角度帮助你解决难题。

3

目录

这里有你的烦恼吗?

第1章 **心灵**的烦恼

烦恼集 01	我很容易生气	002
烦恼集 02	我很容易哭鼻子	004
烦恼集 03	我会因为被别人指出缺点而感到难过	006
烦恼集 04	我不敢直视对方	008
烦恼集 05	我太在意别人对我的看法	010
烦恼集 06	我想成为不被欺负的人	012
烦恼集 07	我对自己的外貌没有自信	014
烦恼集 08	我喜欢独处,但不想受到排挤	016
烦恼集外传	即使是文豪也会为心灵的烦恼所困	018

4

烦恼集 09　我总是和大家意见不同 ……………………………… 020

烦恼集 10　该不该对残障人士格外温柔？ …………………… 022

烦恼集 11　为什么我不能打人？ ………………………………… 024

烦恼集 12　我喜欢恶作剧 ………………………………………… 026

烦恼集 13　我害怕死亡 …………………………………………… 028

烦恼集 14　我早上起不来 ………………………………………… 030

烦恼集外传　运用脑科学解决心灵的烦恼 ……………………… 032

难熬的日子不可避免……

第 2 章　人际关系的烦恼

烦恼集 15　我总是在意讨厌的人 ………………………………… 036

烦恼集 16　我和朋友聊天时会紧张 ……………………………… 038

烦恼集 17　和朋友吵架之后很尴尬 ……………………………… 040

烦恼集 18　我不善于表达 ………………………………………… 042

烦恼集 19　我不懂怎么拒绝 ……………………………………… 044

烦恼集 20 我不喜欢别人给我起的奇怪的绰号 ……… 046

烦恼集 21 我不知道怎么交朋友 ……… 048

烦恼集 22 即使撒谎也要夸赞朋友吗？……… 050

烦恼集外传 即使是军事家也会为人际关系的烦恼所困 ……… 052

烦恼集 23 和朋友聊天时不知道说什么 ……… 054

烦恼集 24 我被朋友嫉妒了 ……… 056

烦恼集 25 我嫉妒朋友 ……… 058

烦恼集 26 和朋友争风吃醋很痛苦 ……… 060

烦恼集 27 在校外也想和喜欢的同学多多相处 ……… 062

烦恼集 28 我的心动让我感到困扰 ……… 064

烦恼集 29 我不受欢迎 ……… 066

烦恼集 30 和特别关注的朋友渐行渐远，我很失落 ……… 068

烦恼集外传 运用脑科学解决人际关系的烦恼 ……… 070

第 3 章 学校生活的烦恼

偶尔一起放松一下吧。

烦恼集 31 我不喜欢班主任	074
烦恼集 32 我好像被老师区别对待了	076
烦恼集 33 我正在被霸凌	078
烦恼集 34 毕业或转学的时候，我舍不得与大家分别	080
烦恼集 35 我不想去上学	082
烦恼集 36 我丢三落四	084
烦恼集外传 即使是著名护士也会为职场的烦恼所困	086
烦恼集 37 为什么必须学习啊？	088
烦恼集 38 弟弟、妹妹太吵了，无法专心学习！	090
烦恼集 39 怎么都学不明白！	092
烦恼集 40 我体育不好	094
烦恼集 41 怎样才能把知识牢牢记住？	096
烦恼集 42 我觉得学习好无聊	098
烦恼集外传 运用脑科学解决学习上的烦恼	100

7

第4章 课余生活和家庭的烦恼

烦恼集 43　爸妈总是生我的气 ······ 104

烦恼集 44　爷爷去世了，心里难受 ······ 106

烦恼集 45　我的父母感情不和 ······ 108

烦恼集 46　我和兄弟姐妹相处不来 ······ 110

烦恼集 47　父母总是家暴我、欺负我 ······ 112

烦恼集外传　即使是历史名人也会为家庭的烦恼所困 ······ 114

烦恼集 48　我的房间总是乱糟糟的 ······ 116

烦恼集 49　零花钱不够花 ······ 118

烦恼集 50　只有我不合群 ······ 120

烦恼集 51　我没有手机所以交不到朋友 ······ 122

烦恼集 52　有人未经允许擅自拍我的照片 ······ 124

烦恼集 53　我沉迷于社交软件和游戏无法自拔 ······ 126

烦恼集外传　运用脑科学解决生活中的烦恼 ······ 128

结语 ······ 130

放学之后也有很多事情要忙呀。

第 1 章

心灵的烦恼

本章将会解决愤怒、悲伤、孤独等与自己的心灵有关的烦恼。"我感觉有点伤心""我止不住地焦虑""我感到不安"……当你有这样的烦恼时,请翻开看看吧。

我不敢直视对方。

烦恼集 01

我很容易生气

不妨试试这样做

1 离开现场，回避一下

据说人生气之后会在五秒后平息怒气。不过，如果你正在和讨厌的人面对面，那别说怒气消退了，甚至还可能越想越气。因此，为了确保能有五秒钟的冷静时间，建议你找个借口暂时离开现场，比如去上厕所之类的。

2 想想自己生气的目的

如果你生气是为了向对方倾诉感受，那不如换种方式来表达吧。有时，心平气和的沟通更能促进互相理解哟。好好想想自己生气的目的，有助于心平气和地解决问题哟。

3 想想自己喜欢的人会如何处理这种情况

设想一下，你所敬爱的人在遇到这种情况的时候会怎么样呢？也会生气吗？还是会平心静气地用其他方法传达自己的想法呢？你可以效仿他的做法，这样应该能让你变得更冷静。

烦恼集 02

我很容易哭鼻子

可是……真的很伤心啊……

不妨试试这样做

1 就算哭了，该做的事情也要继续做

伤心的时候哭一哭也没关系。强行让自己忍住眼泪没有用，反而会更难过。不过，即使泪眼汪汪，你也要尽力做好自己该做的事情。这样一来，你就不会讨厌爱哭的自己啦。

2 想想一旦哭了就做不了的事

来想一想，哭鼻子会不会导致有些事情做不了了？你有可能会因为正在哭鼻子，而不能和大家一起参加活动。或者，你有可能会被老师留下来问话，而失去课间的休息时间……告诉自己，如果能忍住不哭，就可以避免这一切了。

3 仰头向上看

告诉自己"一定要战胜脆弱的自己"也是非常重要的。最简单的方法就是仰头向上看。为了不让眼泪掉下来，为了不让自己陷入低落的情绪中，而努力向上看，这是在努力成为一个不被泪水击败的人。做好这一点就非常了不起了哟！

烦恼集 03

我会因为被别人指出缺点而感到难过

不妨试试这样做

1 想一想被别人指出缺点后,你打算怎么做?

人无完人,每个人都可能受到指责。关键在于被别人指出缺点后,要问问自己打算怎么做。若想改正,那便努力改正;若觉得无伤大雅,那大可置之不理;若觉得别人的表达方式不妥,也可以直截了当地告诉他。

2 从相反的角度看待缺点

只要换个角度,所有的缺点都能变成优点。比如,别人埋怨你"过分吵闹",你可以视其为"我浑身充满活力";别人抱怨你"很难相处",你可以视其为"我自带高冷气场"。究竟怎么看待,其实都取决于自己的心态。

3 从对自己有利的角度思考

被别人指出缺点后就郁闷好几天,那岂不是太亏了?如果别人的评价能够让你重新认识自我并有所成长,或者让你逐渐成为一个宠辱不惊之人,那么让别人说说又何妨呢?从对自己有利的角度来思考吧。

烦恼集 04

我不敢直视对方

好……好尴尬……

不妨试试这样做

1 看着对方的眉间

如果注视对方的眼睛会让你感到紧张,那就干脆避免目光交会,将你的视线转向对方两条眉毛的中间吧。这样做,在对方看来和对视的效果是一样的。当然,一直盯着别人看也会让人觉得不太舒服,所以可以隔几秒就看一下别的地方。

2 事先告诉对方自己的情况

提前告知对方自己不适应眼神交流,也不失为一个好方法。只要对方明白这一点,即使他和你在交流时觉得有些奇怪,也不会放在心上。笨拙但真诚的你,也一定能获得大家发自内心的鼓励。

3 看看健谈人士的视频,并努力模仿他们

你可以找一些能说会道的人做的视频,反复看几遍,模仿他们的说话方式。当你有意识地模仿别人的时候,你会有种"不是我在说话"的感觉,和对方四目相对时的不适感应该也会得到减轻哟。

烦恼集 05

我太在意别人对我的看法

不妨试试这样做

1 没有人能做到让所有人都喜欢自己

要知道，一个人无论多受欢迎，都不可能得到世上所有人的欢心。事实上，往往越受欢迎的人，越容易遭人厌恶。你一定要明白一个道理：有人喜欢你，就一定有人讨厌你。

2 无须在意自己控制不了的事

你再焦虑，也改变不了其他人对你的评价。可以改变的只有自己的行动，我们永远改变不了他人的行为或思想。所以这种焦虑非常浪费时间，可以说是毫无价值。何不把时间和精力投入到开心的事情中，或是用在提升自己上呢？

3 要明白别人的评价其实只是片面的

"这家伙也没什么了不起的嘛。"——即使别人这样评论自己，也只不过是在谈论你的某个方面而已。可能在别人提到的那个方面，你的确是"没什么了不起"的，但这并不是全部的你啊！那就努力让别人看到你其他方面的魅力吧。

烦恼集 06

我想成为不被欺负的人

我喜欢大方自信的自己。

不妨试试这样做

1 流利地表达

首先,你可以勤加练习口头表达。说话利落的人看起来很自信,口齿不清则会让对方感觉到压力。可以用视频记录下自己说话的模样,一开始可能会觉得有些不好意思,但这么做一定能帮助你在短时间内做到有自信地流畅表达。

2 做出成绩

拥有某种特长的人不太容易被人欺负。运动也好,兴趣也罢,要是你能在某个领域中做得比别人好,那就一定要不断精进下去。若觉得自己没有这些兴趣爱好,那就认真听课、刻苦学习,从培养擅长的科目开始吧。

3 学会反驳

如果总是受人欺负,那就一定要学会强势反驳。或许你会担心"反驳会让人反感"或"可能会遭到霸凌"……即便如此你也一定要据理力争。只要给别人留下"这人的反应怎么这么激烈"的印象,下次他们就不会轻易来惹你了。

烦恼集 07

我对自己的外貌没有自信

躲起来也无济于事啊。

不妨试试这样做

1 明白"人各有所好"的道理

世界上有各种各样的人,每个人的喜好都不同,正所谓"萝卜白菜,各有所爱"。总会有人懂得欣赏你的。随着互联网的发展,我们能在这个时代接触到越来越多的人,因此你也就一定能遇到那个认可你的人。为了彼此相遇的那天,努力提升自己的内在吧。

2 在能力范围内尽己所能

外貌并非一成不变,而是可以通过努力改变的。比如通过锻炼让自己的体态更好,将自己打扮得干净清爽等,这些都是比较容易开始的。但是,不建议你在长身体的时候过度节食哟。如果你觉得真的非做不可,也请事先和家人好好沟通一下吧。

3 提醒自己时刻保持微笑

你听过"笑容是最好的妆容"这句话吗?无论男女,笑容都是魅力的加分项,人们总会自然而然地聚集在快乐的人身边。一起以积极乐观的态度待人接物,以发自内心的情感笑对人生吧。

烦恼集 08

我喜欢独处，但不想受到排挤

哎？我的小伙伴呢？！

不妨试试这样做

1 在学校课间休息的时间多和朋友相处

如果你想和同学们增进友谊，可以定一个专门和同学玩耍的时间段。比如课间休息时间用来和同学一起到室外谈天说地；午休时间则是独自一人在图书馆看书。试着遵从自己的内心，寻找到一个舒适的平衡点吧。

2 独处前留意身边情况

独处从来不是一件坏事。但是，如果你忽视集体的约定而自顾自地独处，可能就会给别人添麻烦。此外，若是在集体活动中唐突离场，也可能会让同学们担心。所以在开始一个人待着前，应先认真观察一下身边的情况。

3 不加入小团体

若你将自己纳入某个"小团体"中，朋友的稍加疏远也许就会成为"排挤"的信号。因此从最开始就本着"一视同仁"，而非"融入其中"的态度，这样一来，不管对方是什么态度，你都能一笑置之。

烦恼集

即使是文豪也会为心灵的烦恼所困

压力往往使人感到沮丧

夏目漱石
（1867—1916）

日本近代著名小说家。毕业于帝国大学（今东京大学）英文专业。大学毕业后先在东京高等师范任教两年，后又在日本松山中学当过一年老师，之后赴英国伦敦留学。代表作为长篇小说《我是猫》。

留学期间闭门不出

大学毕业后，夏目漱石在日本任英语教师。后受日本的文部省委派，作为一名光荣的公派留学生前往英国留学，研究真正的英语教育。

然而，无法适应异国他乡的他，仅仅过了几个月就时常请假休课。他心中的不安与孤独与日俱增。在之后的两年里，他辗转在不同的寄宿家庭间，成日闭门不出。

最终，文部省收到了他提交的空白报告，便判定他已经难以继续完成学业，对他下达了回国的命令。

实际上，从大学时代开始，夏目漱石就因丧亲之痛和肺病而变得情绪不稳定、消极厌世。因此，留学归国后，他仍一度浑浑噩噩，就连在东京大学任职讲师期间，也常常缺席……

 他是如何解决这个问题的？

尝试写小说

俳句杂志《杜鹃》的发行人高滨虚子向夏目漱石伸出了援助之手。高滨虚子作为夏目漱石的好友正冈子规的义弟，一直十分担心夏目漱石的状态。"山会"是高滨虚子和朋友们分享交流作品的聚会，他邀请漱石来参加"山会"，进行一些创作，希望夏目漱石能借此机会放松心情。

到了"山会"那天，高滨虚子来到夏目漱石的家后，十分惊讶。夏目漱石拿着几十张稿纸，兴冲冲地将高滨虚子迎进自己的房间。并且，在高滨虚子开始朗读手稿后，或许是觉得自己写的东西很有意思，夏目漱石居然咻咻地笑了起来。

在后来的"山会"上，夏目漱石的作品非常受欢迎，大家评价道："我从来没有读过这样的作品，真是太有意思了！"这部作品后来甚至还成为杂志《杜鹃》的重点作品和经典之作。没错，这部作品就是夏目漱石的处女作《我是猫》！

  结 语

难受的时候，
就该找家人和朋友帮忙。
然后，接受他们的建议，
勇敢去尝试与挑战，
也许新世界的大门正向你敞开。

烦恼集 09

我总是和大家意见不同

我就是我,不一样的烟火。

不妨试试这样做

1 故意"唱反调"并不算个性

你是不是曾经因为独出己见而受到了表扬,或者不论好坏,总归是引起了大家的关注?要知道,发表与众不同的观点并不是什么厉害的事,真正厉害的点在于,这是你在深思熟虑后产生的想法。

2 明确自己的理由

如果你经过再三思考,还是提出了与他人不同的意见,那就完全没有问题哟。既然这是你三思后得出的结论,就表示你很清楚其中缘由。如果你能从不同的角度阐述自己的依据并说服大家,那就更了不起啦。

3 说与不说,另作考虑

即使你有充分的理由,但如果总是与别人唱反调,也会引人反感。有些人甚至会暗自埋怨你。如果你能先听听大家的想法,再静下心来决定是否说出内心的想法,那就更好啦!

烦恼集 10

该不该对残障人士格外温柔?

022

不妨试试这样做

1 人是无法独自生存的

无论是否残疾，我们都离不开他人的帮助。你长大后就会明白，从早上起床到夜晚入睡，没有人能够独自完成一天中的所有事情。如果你也能在行善中感受到帮助他人的意义所在，那么恭喜你，又离成为一名优秀的大人更近了一步。

2 就像是眼镜一样稀松平常

城市里有很多为残障人士设计的设施，比如盲道和无障碍卫生间，对吧？这些设施就像是为视力不好的人戴上的眼镜。你不会觉得朋友戴眼镜是件怪事，那这些设施也应被视为生活的常态。

3 赠人玫瑰，手有余香

一个人人都为残障人士提供帮助的社会，一定充满了爱与温暖。因此可以想象，这样一个社会对谁而言都是和谐友善、充满欢笑的。反过来说，如果生活在一个对残障人士漠不关心的冰冷社会中，想必所有人都会觉得很压抑吧。

烦恼集 11

为什么我不能打人？

为什么呀？

不妨试试这样做

1 因为我们自己也不想受伤害

在一个可以随便打人的世界里，你可以伤害别人，别人也同样可以伤害你。整天生活在恐惧中难道不累吗？己所不欲，勿施于人，就是这个道理。

2 因为这是大家都要遵守的规定

打人者要受到相应的惩罚，是为了让所有人都能严格遵守"不可伤害人"的规定。每个国家都制定了许多需要全民遵守的规定，若是这些规定不能得到遵守，那么各个国家就会变得一团糟。遵守规定，其实就是在守护我们的家园。

3 因为这会导致自我否定

伤害人后产生的自我否定和困惑会像滚雪球一样越滚越大，你也会越来越讨厌自己。那么同时，幸福和快乐也会不断远离你。如果你有这方面的疑惑，那就代表你可能真的遇到了心理上的问题。

烦恼集 12

我喜欢恶作剧

但是……我可不想成为被捉弄的对象!

不妨试试这样做

1 思考原因

想一想自己为什么想要捉弄别人。恶作剧的对象与其他朋友有什么不同？此外，抛开对方的因素不谈，你最近是不是遇到什么恼火的事？先思考这两点，答案就能揭晓了。

2 想想自己是否快乐

恶作剧会让对方感到伤心。那么这么做，是不是也让自己变得不开心呢？即使一时痛快，事后也可能需要承受怒火和悔意。因此，在恶作剧前可以思考一下，自己最终是否也会变得很难受。

3 写写日记

当你找不到自己的动机，或是不明白错在何处时，可以写写秘密日记。即使只是简单地描述当天发生的事情和感受，也足以让你冷静下来，回顾反思，从而明确内心的真实想法。

烦恼集 13

我害怕死亡

如果能一直活着就好了。

不妨试试这样做

1 相信恐惧会逐渐散去

有些人小时候惧怕黑暗,但长大后就渐渐消除了恐惧。同理,随着阅历的增多,等你慢慢理解了"死亡"的含义,就会发现"怕是没用的,要好好努力活下去"。

2 对死亡的恐惧源于对当下的珍惜

"害怕死亡",说明你非常珍惜身边的人和事。既然身边有这么多重要的存在,那何不试着将恐惧的情绪慢慢转变成"我的身边竟然有这么多宝贝"的幸福感呢?这样一来心境也会发生转变。

3 找人倾诉

如果自己没办法缓解,就找人聊聊吧。每个人都能理解"对死亡的恐惧",那些对你来说很重要的人,一定能助你排解不安的情绪。可以去请教一下身边的朋友,问问他们是如何保持平常心的。

烦恼集 14

我早上起不来

酣睡

呼呼……

不妨试试这样做

1 有意识地控制玩手机和看电视的时间

智能手机和电视会发出一种叫作蓝光的光线。这种光线会干扰我们的睡眠，所以洗完澡后就尽量不要使用电子产品了哟。睡前可以看看书，避免接触蓝光。

2 白天多锻炼

身体没有感觉疲惫的话，就不容易入睡。晚上睡不着，便导致早上起不来。因此，你可以适当地在白天做一些运动，即使只是在课间休息时玩玩捉迷藏也会有效果的哟。但睡前做运动反而会影响睡眠，所以晚上要尽量保持平静。

3 醒后保持五分钟的能量满满

无论是谁，起床的那一刻都是很煎熬的。所以，一定要在醒来的五分钟内迅速爬起来，并洗好脸、穿好衣服。良好的开端能够带来活力满满的上午。相反，如果你慢吞吞的，不愿意睁眼，煎熬的感觉就会跟着延长哟。

烦恼集外传

运用脑科学解决心灵的烦恼

想平静下来的时候，就看看"浅蓝色"

你有没有过这样的经历？在看到蓝天或大海的那一刻，心中突然静了下来。其实浅蓝色具有缓解焦虑、开阔心境的作用。甚至有研究表明，光是看看浅蓝色就能降低血压。因此，当你着急上火时，就将目光锁定在身边浅蓝色的物体上吧。也可以试试把房间里的窗帘和被褥换成浅蓝色的。

想要集中精力思考，就多去自然中运动

郁郁葱葱的森林或公园是整理思绪、激发灵感的不二之选。并且如果条件允许，最好不要一直坐在长椅上，而要多四处走走。亲近自然和适度运动都有助于放松身心，在青山绿水间漫步更是效果加倍。这不仅能让人心旷神怡，没准儿还能激发一些新的灵感呢！

和动物的互动能够治愈心灵

美国的一所大学曾经做过一项很有意思的实验。这个实验以男女老少等不同人群为实验对象，检测了实验对象在分别接触真狗和狗形机器人的血液发现，他们在接触真狗时，血清素和催产素的含量都有所增加。血清素能使人平心静气，催产素能助人解压放松。而当他们面对狗形机器人时，血液中的这两样物质却减少了。和动物们相处，真的很治愈吧。所以不开心的时候可以多来看看这本书里的小动物哟。

怒火会在五秒内平息

愤怒的情绪是由大脑边缘系统控制的。而负责让大脑边缘系统冷静下来的则是额叶。额叶大显身手大约需要花上3—5秒，因此，不要因愤怒而一时冲动，变得暴跳如雷或狂躁不安。先慢慢地做一组深呼吸吧。或许怒火能在下一个瞬间得到平息哟。

受到表扬就会开心

"你真可靠！""真是太感谢你啦！"人听到表扬的时候心情会变好，并不是因为他容易扬扬得意，而是大脑在起作用哟。人类的大脑中有个叫腹侧纹状体的区域，当接收到奖赏信号时，就会发挥作用，让人自我感觉良好。并不是说为了取悦他人就要勉强表扬，但是你可以记住——受到表扬的人肯定会开心。

赖床会让你难受

有一些闹钟有个便利的"稍后再响"功能，让早上起不来的你能够安心地赖床，但这对你的大脑来说却是个困扰。这是因为每每入睡，大脑都会释放出促进睡眠的化学物质。屡次三番赖床，就会打乱一天的生活节奏，也不利于养精蓄锐。所以即使很困，也最好一鼓作气地醒来，就可以愉快地度过一天啦。

和朋友吵架之后很尴尬。

我总是在意讨厌的人。

我和朋友聊天时会紧张。

第2章

人际关系的烦恼

各位遇到最多的，或许是人际关系方面的烦恼吧。明明自己没有恶意的，但是心里总是有些忐忑……希望这一章的内容，能够帮你解决这些烦恼吧，哪怕是一点点也好。

> 我不喜欢别人给我起的奇怪的绰号!

> 我不懂怎么拒绝。

> 我嫉妒朋友!

烦恼集 15

我总是在意讨厌的人

一直在脑子里挥之不去！

不妨试试这样做

1 跟对方保持"点头之交"

既然讨厌,那就和那个人保持距离吧。接触的次数减少后,就不会对他耿耿于怀啦。如果担心这么做会给对方留下不好的印象,那就在碰面时打声招呼吧。将彼此的关系界定为点头之交,心理负担就能减轻不少。

2 专注于眼前的事情

忙碌是消除不愉快的灵丹妙药。全身心投入接连不断的充实安排之中,就没有工夫再去琢磨那些无关紧要的事情了。与其纠结于不喜欢的人,不如多将时间用于自我提升,或与重要之人的相处上,那不是更有价值吗?

3 将对方视作自己的一面镜子

觉得某个意见不合的人很讨厌时,不妨想想自己究竟不喜欢对方身上的哪一点。或许,你是透过那个人看到了自己的缺点或向往之处。无须强迫自己喜欢对方,但如果能借此自省并成长,厌恶的情绪或许就能得到缓解吧。

烦恼集 **16**

我和朋友聊天时会紧张

心脏怦怦跳。

哈——

不妨试试这样做

1 想想自己紧张时也能做到的事

你紧张的时候可能做不到侃侃而谈,但你可以选择做个合格的听众,只要在旁边点头回应就足够了。而且就算说不好,也可以"试着说"。虽然心里绷着弦,但只要想想那些自己能做到的事情,就能放松心情,缓解紧张的情绪哟。

2 强迫自己注视对方

你知道吗?越是在脑海中想象鬼的样子,就越是害怕鬼。一边躲闪着眼神一边想着"好吓人,好吓人",恐惧也会跟着升级加倍。紧张也是同理。既然如此,那就选择直接面对吧。好好地正视对方,就能找回自信,也就不那么紧张啦。

3 转换思维,接纳紧张情绪

稍微有些紧张,反而不易犯下大错。就以端水为例,同样端着一个盛满水的杯子,紧张的人肯定能比松懈的人端得更稳,不是吗?记住,恰到好处的紧张是成功的助力。

烦恼集 17

和朋友吵架之后很尴尬

最、最、最讨厌你了!

我才讨厌你呢!

不妨试试这样做

1 当面道歉

最好的做法就是马上主动道歉。对方可能也有不对的地方，但请用宽容的态度来对待，并表明自己想要和好的意愿。虽然可能会有点儿尴尬，但只要你们迈过了这一关，关系就会变得更加亲密，你自身也会有所成长。

2 写信或发信息道歉

如果没法当面道歉，你也可以通过写信或发信息的方式表达歉意。有些见了面就说不出口的话，可以借助文字完整地传达。但是，动笔的时间最好不要选在情绪容易波动起伏的夜晚，而要选择一个平心静气的早晨。

3 冷静一段时间后再道歉也未尝不可

刚吵完架的两个人都处于暴躁的阶段，这时是很难和好的。就算硬着头皮谈，也可能导致更多的不愉快。别担心，如果你们真的是互相关心的好朋友，就算分开一段时间，也一定能重归于好的。

烦恼集 18

我不善于表达

我得想想先把这些鱼放哪儿……

不妨试试这样做

1 先说一句"首先"

万事开头难，有时说话就卡在了第一句。不过反过来讲，只要迈出了第一步，往往就能畅所欲言了。先从努力说出一句"首先"开始吧。只要能养成这样一个小小的习惯，表达能力就能得到增强哟！

2 提前练习

如果在开始说之前还有一点时间，那么利用这段时间提前练习会让你做得更好哟。除了训练本身确实会提升表达能力外，更重要的是，你可以通过练习来增强自信。不仅是小孩，就算是大人，往往也要准备充分才能做到谈吐流利。

3 重在表达想法

太想能说会道，可能会让人过度纠结于遣词造句，反而忘记了自己到底要传达的是什么。即使讲得不好，只要努力真诚地表达出心中的想法和感受，对方就一定能明白你的想法。

烦恼集 19

我不懂怎么拒绝

其实我不喜欢洗澡……

不妨试试这样做

1 以快取胜，果断拒绝

若在收到邀请时，做出"嗯……还不一定"这样模棱两可的回应，那只是在拖延时间。而双方的约定很可能就在这段时间内逐渐成形，你也就变得越来越难拒绝了。因此，要尽早考虑，尽早回绝。

2 表达感谢后再拒绝

对方大概是带着"想和你一起"或"你一定会乐意接受"的想法来邀约你的。那么如果仅用一句"不行"来断然拒绝，对方大概也会感到失落吧。所以你可以先说一句"谢谢你的邀请，我很开心"，在表达完谢意之后，再表示拒绝。

3 用难以推脱的理由拒绝

如果用"家里有事"或"家人不让去"等无可奈何的理由回绝，对方也就不会再说什么了。只不过这种情况下就要注意后续的时间安排了。要是不小心忘了这件事，被对方发现那天你去了其他地方玩，对方肯定会起疑心："欸，这家伙不是家里有事吗？"

烦恼集 20

我不喜欢别人给我起的奇怪的绰号

不喜欢就是不喜欢！！

不妨试试这样做

1 直接告诉他们"我不喜欢"

兴许他们是觉得你也会喜欢，才这么叫你的。所以你要严肃地告诉他们："我不喜欢这个外号，因为……"需要注意的关键点是说话的场合，要选择在他们内心平静的时候严肃声明，而不是在他们开玩笑的时候冷不丁地说出来。

2 不放在心上

如果你对此感到生气或者伤心，他们反而可能会觉得你的反应很有趣，从而变本加厉。所以冷静地告诉他们你"不喜欢"后，就不要再往心里去了。一拳打在棉花上的他们反而会觉得自讨没趣。

3 求助老师

如果自己无能为力，那就寻求他人的帮助吧。这并不是什么丢人的事，而是一项生存的必备技能。请记住，选择向老师或大人求助，让他们施以援手，困扰你许久的问题或许就会瞬间迎刃而解。

烦恼集 21

我不知道怎么交朋友

啊,你好,很高兴认识你。

不妨试试这样做

1 笑着打招呼

首先,始终保持微笑很重要。一直板着张脸,别人就会觉得你很难相处。另外,打招呼是社交的敲门砖哟。如果你每天都主动寒暄,对方肯定会对你留下印象,你们总能找到机会交谈的。所以社交的第一步,就是面带微笑,亲切地打招呼。

2 提一些问题或小请求

试着问对方一些问题吧。比如"你有报什么兴趣班吗?""你在哪里学的钢琴?"之类的话题。如果你们聊得很投机,也许就能打开话匣子了。还有像"借一下橡皮"之类的小请求,也可以作为交流的好契机哟。

3 关注对方的小物件

看看对方的书包或铅笔盒上是否出现了一些动漫形象?文具是每天都带在身边的东西,如果上面有动漫形象,那对方一定是喜爱那个动漫形象的。你们可以以此为话题聊天,聊天就会变得很轻松愉悦啦。在此之前,你可以先对那个动漫形象进行充分了解哟。

烦恼集 22

即使撒谎也要夸赞朋友吗?

你也太会抓鱼了吧!
(其实我并不这么认为……)

不妨试试这样做

1 不要强行夸赞

不必强迫自己说不想说的话。如果不想夸，那就暂时走开，或者安静地听朋友说话。要是对方得不到夸赞就不能继续做朋友，那么或许你应该重新考虑一下是否继续这段友谊。

2 即使是事实，也要权衡是否直言

有时候吐露真言并不是最佳选择。例如体形或先天性方面的话题，即使是事实，也很可能会戳到对方的痛处。虽然你不必强行吹捧，但如果说出一些伤人的话，那就有些损人不利己了，对吧？

3 当作是善意的谎言

要是不想撒谎，那也没必要撒。不过，有些小谎确实能够成人之美。不如干脆顺着对方的心意说下去，让对方感到心满意足，这也不失为一种体贴。当然，偶尔也要为了对方着想而说一些逆耳的忠言。

烦恼集 外传

即使是军事家也会为人际关系的烦恼所困

完全交不到朋友

拿破仑
（1769—1821）

杰出的革命家、军人，成功控制了因法国大革命而陷入动荡的欧洲。以拿破仑一世的身份登上王位，成为法国的皇帝。

孤独的学生时代

若说到在法国大革命后民众心中绝对支持的英雄人物是哪位，那当属拿破仑了。拿破仑本来是一名军人，最终成为国家的最高领袖。后来又为建立自由平等的新社会而主持制定了《拿破仑法典》，成为历史上著名的政治家。

拿破仑出生于一个名叫科西嘉岛的小岛，九岁就随哥哥一同搬到法国首都巴黎上学。他本以为大城市的学校生活会很有趣，事实上却十分糟心。

他在班上个头最矮，再加上小岛带来的口音使得他不能与别人流利交谈，因此他成了城里同学们每天取笑的对象。由于无法融入大家的圈子，他一直都交不到朋友。家境不富裕，没有零花钱的他只能孤独地度过了整个灰暗的学生时代……

> 他是如何解决这个问题的?

集中精力学习和阅读

陷入孤独的拿破仑决定，将交友和玩耍的时间都花在学习和阅读上。本来就擅长的数学自不必说，历史和地理也成了他的最爱，门门科目的成绩都名列前茅。就这样，原本只能在这个学校里短暂学习的他获得了公费升学的机会。最终，他只用了十一个月就完成了学业，展露出了天才般的能力。

毕业后，在学生时代大量学习和阅读中收获的知识和独立思考能力，成了拿破仑军旅生涯的重要支撑。如果没有通晓学识的精明头脑，没有从历史伟人传记和兵法战术著作中学到的智慧，他就不可能取得年仅 24 岁战胜英军、年仅 26 岁成为法国军队将领的辉煌功绩；也不会屡战屡胜，横扫欧洲，35 岁就成为备受国民爱戴的皇帝。

结 语

不如将与人共处的时间、
外出游玩的时间利用起来，
做一些自己喜欢的事，
培养自己的一技之长吧。

053

烦恼集 23

和朋友聊天时不知道说什么

……

你看昨晚的节目了吗？真的很好笑。但我觉得，其实还可以再好玩儿一点，大家一起热闹起来不是更好吗？因为啊……

不妨试试这样做

1 把主场交给对方

自己不知道说些什么的时候,就让对方多多开口吧。你可以认真回复,做出"哇——好强!""这样啊,那岂不是……""真有意思!我也试试好了"之类的回应,在你的应和下,话题也能顺利进展下去。可以试着模仿电视节目里的主持人哟。

2 准备好游戏,不用说话也能愉快玩耍

玩纸牌或桌游时,双方都会沉浸在游戏中,就不用说太多的话了。而且既然大家只会在必要的时候说话,你也就不必担心说话的内容啦。即使对方是不太熟悉的朋友,也能通过游戏增进友谊哟。

3 要知道,真正的友情是不需要用言语维系的

和好朋友在一起,你会觉得有说不完的话。但是,若是真的关系很要好,其实也会有"聊天固然开心,但什么都不说也很自在"的感觉吧。去多结交一些"无须多言"的灵魂之友吧。

烦恼集 24

我被朋友嫉妒了

把那颗松果给我——

不妨试试这样做

1 夸奖自己

能够让朋友嫉妒，说明你很优秀！被嫉妒说明你在某些方面胜过了其他人。如果这是你通过努力得到的，那就好好地夸奖自己吧；如果这是你与生俱来的，那就为自己的好运气感到开心吧。正是因为你如此优秀，才会成为被嫉妒的对象哟。

2 向对方倾诉你的烦恼

你在对方心中可能留下了"是个擅长……的完美之人"的印象。事实上，人人都有烦心事，只是看起来游刃有余的你更加令人羡慕。"其实我很烦恼……"这样向对方吐露心事，应该就能消除对方的嫉妒情绪了。

3 当作是"心如止水的练习"

因为你很有魅力，所以接下来也一定会引来各种羡慕嫉妒的目光。那么何不把这当成一种为将来做准备的历练呢？就将它当作一种练习，试着一笑置之、轻描淡写地搪塞过去，或者立刻走开。多多尝试，找到能减轻自己烦恼的方法吧。

057

烦恼集 25

我嫉妒朋友

我也想像那个人一样成为采蜜高手。

不妨试试这样做

1 意识到这就是你想要的

要知道你嫉妒的对象就是你想要成为的样子。即便如此,你可能还是会不自觉地嘴硬,说什么"内在才重要"或"光是四肢发达有什么用"之类的。不要再自欺欺人了,就将这当作一个自我审视的契机吧。

2 磨炼自己

如果怎么都控制不住自己的嫉妒心,那唯一的办法就是提升自己了。诚实地面对自己内心真正的渴望,并为之努力。如果你成绩不好,那就用功学习;如果你想变美,那就打扮自己;如果你想成为体育健将,那就刻苦练习。

3 化嫉妒为能量

嫉妒不一定是坏事。因嫉妒而陷入苦恼,你就会酝酿出巨大的能量去"摆脱它"。不只是嫉妒,当你感受到其他痛苦的情绪时,只要能将它作为成长的跳板,取得相应的进步后就不会再闷闷不乐啦。

烦恼集 26

和朋友争风吃醋很痛苦

不妨试试这样做

1 结交其他朋友

对朋友产生独占欲的重要原因,在于你只有对方这一个朋友。如果你有其他可以说得上话的朋友,就不会因这个问题而烦恼了。要是厌倦了朋友间的纷扰,就将注意力转移到别处,尝试结识新的伙伴吧。

2 锻炼独处的能力

如果你发现自己不是"和朋友在一起很开心",而是"朋友不在身边很不安",那可就要小心了哟。过度依赖朋友是非常不好的心理,尽量让自己转变为"一个人也可以过得很舒服,但和朋友在一起更有意思"的状态。先试着找点独处时的乐子吧。

3 若即若离

人际关系就是会时好时坏的。维持长久关系的关键在于不用极端的话语"绑架"对方——比如"我们永远都是最好的朋友,对吧?"或"我们绝交吧!"。你们可以彼此疏远一段时间,但这并不意味着你们必须就此断绝来往。保持一定距离对维持良性关系很重要哟。

烦恼集 27

在校外也想和喜欢的同学多多相处

我可喜欢他了！

不妨试试这样做

1 和大家一起出去玩

如果你们的关系还没有很亲近,那可以邀请对方和你的其他朋友一起玩啊!可以跟对方说"放学后我们一起在学校玩吧"或者"大家一起去公园玩吧"。在大家一起玩耍的过程中,你们的关系会变得更好,对方也能看见你更多的优点。

2 为共同的目标一起努力

比如,如果对方学习用功,那么你也要努力学习。这样一来你们有了共同话题,可以随时聊聊学习方面的趣味与烦恼。即使达不到那种程度,也可以试着问问对方感兴趣的事情,对他喜欢的事物抱有好奇心。

3 在学校主动交流,保持乐观积极的心态

说到底,如果对一个人不感兴趣,那么即使收到他的来电或消息,也大都是敷衍几句就结束了。相反,即便不额外联系,只要你在学校时一直保持着积极主动的状态,自然就能和对方有更多交流,也能让对方对你保持兴趣。在校内建立起良好的关系后,人家才更愿意在校外见到你呀。

烦恼集 28

我的心动让我感到困扰

> 不管什么时候,我都能立刻飞到你身边!

不妨试试这样做

1 分享你的小秘密

有时候,我们的心里会有一些小秘密,比如对某个人的特别关注。你可以找一个信任的大朋友或老师,轻轻地告诉他们你的感受。如果你觉得不好意思说出口,可以试着写在日记本上。看看自己写下的文字,可能会帮助你变得更加理智哟。

2 充实自己的生活,让自己忙起来

把注意力放在学习上,努力提高自己吧!你可以多参加学校的运动小队、兴趣小组等,和同学们一起玩耍,这样你就没有时间去想太多啦。尽量不要一个人待着,多参与集体活动,让自己的生活变得丰富多彩。

3 思考你的小心动

想想看,你为什么会特别关注那个人呢?这给你带来了什么?通过思考这些问题,你可能会发现,欣赏一个人是一件很美好的事情,而它也可以让我们学会欣赏更多的人和事。当你看得更远时,你会发现心中的小世界变得更加宽广和明亮。

烦恼集 29

我不受欢迎

看我一眼嘛……

不妨试试这样做

1 想想如何脱颖而出

无论是谁，要想受欢迎，最简单的方法就是变得引人注目。成绩和外表优越自然是受欢迎的方法，不过，这并不是轻易就能做到的事。所以，可以试着去竞选某个职位，接下一个大家都不愿意做的工作。是金子总会发光的。

2 面带微笑

你知道"笑容是最好的妆容"这句话吗？不管穿得多好看，要是板着张脸，魅力就会大打折扣，所以要提醒自己常带微笑哟。想要发自内心地微笑，就要常怀感激之心，从中汲取幸福感。

3 锻炼身体

对外表缺乏自信的人，是可以通过锻炼身体提升自信的哟。经过一个月的努力，你会发现自己的精力更加充沛了，身材变得更好了，也变得更自信了。锻炼既能帮助我们扫清负面情绪，又能产生自信能让人更受欢迎，可以说是一举两得的好事。

烦恼集 30

和特别关注的朋友渐行渐远，我很失落

心里好苦，呜呜……

不妨试试这样做

1 换个角度欣赏

有时候,我们会因为某个人而感到心里不是滋味,可能是因为我们只看到了他们的闪光点。但记住,每个人都有不完美的一面,这世界上也充满了各式各样的才能和美丽。试着看看那些不那么完美的瞬间,这样可以帮助你更加客观地看待这段经历。

2 让生活充满活力

让自己投身于各种有意义的事情中,让自己的生活充满活力。找一些有趣的活动让自己忙碌起来,这样就没有时间去沉溺于过去的回忆了。随着时间的推移,那些不愉快的情绪会逐渐淡去。之后,每当那些回忆浮现在脑海时,你都能告诉自己:"我现在有更重要的事情要做。"

3 与朋友分享快乐时光

和朋友们多交流,分享彼此的喜怒哀乐,这有助于你的心情变得更加愉快。不必刻意提起那些不愉快的事情,通过和不同的人交流,你会发现这个世界充满了无数的精彩和无限的可能性。在轻松的对话中,那些困扰你的情绪会渐渐消散。

烦恼集 外传

运用脑科学解决人际关系的烦恼

痛感因人而异

你有没有发现，同样是被门夹了手，或在医院打了针，你和朋友对疼痛的反应是不同的？研究表明，人类处理痛觉信号的蛋白质类型各不相同，所以我们对疼痛的感知存在个体差异。换句话说，你对疼痛的敏感程度是与生俱来的。因此，当你看到别人一脸痛苦，自己却安然无恙时，不要觉得是对方在小题大做哟。

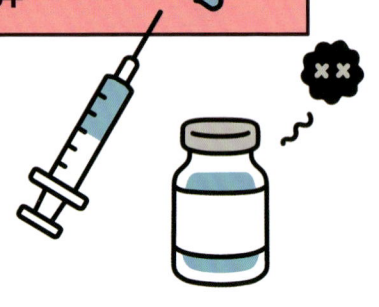

高傲的人往往不能体贴他人

加拿大一所大学做了一个实验：将实验对象分为三组，有权有势的人、普通人和无依无靠的人，并让他们看一段手握着球的视频。结果表明，只有那些有权有势的人，他们的一种叫作"镜像"的大脑反应很迟钝，所以他们不能很好地为他人着想、换位思考。换句话说，当你自视清高，就无法做到推己及人，最终只会变得麻木不仁。所以，你越是强大，就越应该调动你的镜像神经元，用同理心去善待身边的人。

人们可以对他人的痛苦感同身受

每个人对疼痛的感受不同，但人们能够通过人脑中的"镜像神经元"对他人的痛苦产生共情反应。所以当我们想象朋友和家人所经历的痛苦时，自身也会如经历切肤之痛般心疼。目前还不清楚人类进化出镜像神经元的原因，但想必是因为人类愿意感知重要之人的情绪吧。

爱真的是"盲目的"

"爱是盲目的"这句话通常用来形容人在恋爱中往往无法客观地看待所爱之人或爱情本身。这是因为恋爱时，大脑的"腹侧被盖区"活跃，释放多巴胺，让人感到非常快乐和兴奋，一些人容易做出不理性的决策或产生不切实际的期望。

"害怕"和"心动"极易混淆

大脑有时也会犯小错误，它会把"害怕"误以为"喜欢"某个人时的心动感觉。这种心理现象叫作"吊桥效应"。当人们处于紧张或兴奋的状态时，他们的心跳会加速、呼吸变得急促，这和遇到喜欢的人时的感觉有点像。所以，人的大脑有时会不小心把这种紧张或兴奋的感觉，当成是对别人的喜爱。

"一见钟情"是大脑在作怪

见到对方第一眼就心动的所谓"一见钟情"，实际上也是由大脑的复杂作用造成的。当负责处理情绪的"杏仁核"活跃时，如果恰好遇到了喜欢的类型，大脑会突然产生一种强烈的反应，从而形成了"一见钟情"的错觉。

穿着红衣，旗开得胜

一项美国大学的实验发现，红色的衣物相比其他颜色更能引起人们的注意。在人际交往中，选择红色衣服可能会让你在群体中更容易被注意到，这对于建立社交联系和增强个人影响力具有一定的积极作用。

我不喜欢班主任。

我正在被霸凌。

我丢三落四。

为什么必须学习啊？

我不想去上学。

第 3 章

学校生活的烦恼

孩子在学校里待的时间是最长的。想必，孩子在学校里遇到的烦恼比大人们想象中的要多得多吧。如果你有关于老师的、上课的、学习上的烦恼，就快来看看这章吧。

烦恼集 31

我不喜欢班主任

总觉得有些合不来呢。

不妨试试这样做

1 认真做好分内事

记住，一定要认真做完作业和老师交代的事，这样才不会总受到老师的"关照"。若是敷衍了事或任由逆反心理作祟，反而会受到更多责备，心里也会变得更难受。请重新审视一下自己的学习状态和生活态度吧。

2 考虑"得失"，而非"喜恶"

你虽然不喜欢现在的老师，但也可以换个角度，试着想想，与之前的老师相比较，自己有没有受益的地方？有没有一些事去年还做不到，今年却可以得偿所愿？比如可以吃更多的饭了，作业变少了，体育课更有趣了……把注意力集中在积极的方面，就不会那么讨厌对方了。

3 明白千人千面的道理

班主任是与你朝夕相处的大人之一。当然，你的身边不只有那一个大人，对吧？兴趣班的老师、邻居、熟人或亲戚等，你的周围还有许多其他成年人。有多少大人，就有多少种不同的思维方式，从这个角度出发，也许能减轻你的"讨厌"哟。

烦恼集 32

我好像被老师区别对待了

为什么呢?
好伤心。

不妨试试这样做

1 跟家人聊聊

亲口告诉老师"感觉被区别对待了"是件很难为情的事。那么可以考虑由家人代为转达。不管家人最终是否会告诉老师，只要有人能倾听烦恼，心情都会变好一些的。

2 找同年级的其他老师或校长聊聊

如果对方是和你合不来的老师，可能无论怎么说都会生出一种话不投机的感觉。这种情况下，可以试试找同年级的其他老师，或干脆直接去找校长谈谈，说不定你就能找到一位"认可你"的良师益友哟。毕竟能给你提供好建议的老师肯定不止一个呀。

3 分清究竟是区别对待还是教育方法不同

每个人都有自己的个性，对吧？学校也需要因材施教，摸索哪种教育方法更能促进成长，找到最适合每个孩子的教育方式。"可能这不是区别对待，而只是教育方法不同？"——如果能从这个角度来思考，或许你的视野就会变得更加广阔哟。

烦恼集 33

我正在被霸凌

会好的,一切都会过去的。

不妨试试这样做

1 尽量寻求更多人的帮助

尽量向更多人求助。比如老师（不仅是你的班主任，还有同年级的其他老师、校长等）、家人、亲戚、儿童咨询中心的人等。能够为你提供帮助的人比你想象的要多哟。被霸凌并不丢人，霸凌者才更应该感到羞愧。

2 学校并非非去不可

如果去学校会让你感到非常痛苦，那么不去也没关系。这不是逃避，而是正视自己内心的选择。就像身体不舒服需要休息一样，心里不舒服也需要休息。无须焦虑，等感觉好些了，再回学校就行啦。

3 有一门兴趣或爱好

在学校受到霸凌是件很痛苦的事。但是，如果在校外能有一处可以沉浸于兴趣爱好中的小天地，心灵或许就能得到一些慰藉，你也可以和在那儿结识的好友或大人谈谈心。所以不妨试着在校外为自己找寻一片桃花源吧。

烦恼集 34

毕业或转学的时候,我舍不得与大家分别

我们还会再见吗?

一定会哟。

不妨试试这样做

1 要明白，痛苦其实是一件好事

如果心里一点都不痛苦，那就说明心中没有留下太多回忆。出现痛苦的感觉，就说明这个地方和这里的朋友对你来说很重要。离别越痛苦，越是代表着这里的种种是你无可替代的"宝物"。

2 要明白重要之物不会轻易消失的道理

你所依依不舍的某个地方或某一群伙伴所带来的珍贵回忆与温暖，是不会被轻易遗忘的哟。它们会一直留在你的心中，并在你努力前行时或受到挫折时给予你力量。即使到了一个全新的陌生环境，心中的这些念想也能支撑你不再忐忑，继续勇敢地走下去。

3 想想以前的小伙伴们现在会怎么看自己

如果每到一个新的环境就畏缩不前，觉得"还是以前好……"，那你从前的那些朋友又会怎样看待你呢？或许在他们心中，你一直是面对陌生的新环境也能努力适应的勇敢形象。所以想象一下，你心心念念的小伙伴们，一定更希望看到你在新天地展翅高飞吧！

烦恼集 35

我不想去上学

不知怎的，好困哟。

不妨试试这样做

1 想想自己为什么不想上学

你为什么会不想上学呢？认真找出原因并逐一解决才是最关键的哟。看看是朋友的原因，老师的原因，学习的原因，还是说各个因素都掺杂其中呢？总之，先找出你不想去上学的原因吧。

2 给休息设定一个期限

有些时候，即使你想破脑袋，可能也想不明白自己为什么不想上学吧？如果是这种情况，就给休息设定一个期限吧，比如"我只请今天一天假，明天就去上学"。如果一直浑浑噩噩的，最后可能就会一直懒散下去，所以在休息前一定要定好重整旗鼓的日期。

3 有意义地休息

如果是因为感冒等身体原因而请假，那就好好静养吧。如果是因为心累而请假，可以试试到户外走走或适量运动，这些都能让你马上恢复干劲哟。如果待在家里也不能驱散心中的阴霾，那就试着换个地方散散心吧。可以多想想如何有意义地休息哟。

烦恼集 36

我丢三落四

哎呀,我又给忘了!

不妨试试这样做

1 想想如何应对

等你长大了就会发现，即使犯迷糊忘了什么事情，也总能找到解决办法的。比如向老师或朋友借忘记的东西，或是加把劲儿来弥补未完成的任务。总之，一定会有办法的。所以如果因为丢三落四而犯了错，首先要做的应该是冷静下来好好想想："还有没有什么别的办法呢？"

2 想一想，为了明天不出差错，能提前做些什么

如果因为记性差而总是丢三落四的，那就更要想办法改正健忘的毛病。如果你只是"提醒自己不要忘记"，那你甚至可能会忘了提醒，所以要把重要的事情记在随身携带的小本子上，或者在书包的开口处贴一张显眼的纸条等，努力让自己不再丢三落四。

3 想一想，怎样才能养成有条不紊的习惯

养成不丢三落四的好习惯。在出门前、回家后都要有意识地检查确认东西是否有遗漏。给自己定下规则，如"做好准备后才可以玩游戏"或"出门前检查好随身物品"等，也可以在日历上贴一些醒目的便签。

> 烦恼集
外传
即使是著名护士也会为职场的烦恼所困

护理的重要性得不到认可

弗洛伦斯·南丁格尔
（1820—1910）
英国护士。因其突出的成就而被誉为"克里米亚的天使""近代护理教育的创始人""数据可视化的先驱"。

地狱般的医院

南丁格尔出身于上流社会家庭，自小就接受家庭教师的教导，学习了各个领域的知识。在照顾了一位帮助过自己的人之后，她开启了自学护理之路。

后来，她前往德国正式学习护理技术，回英国后受聘担任伦敦一所医院的护士长。待护士们的工作步入正轨后，她又被政府任命为克里米亚野战医院的护士长。

然而，等待着南丁格尔的，是一个不折不扣的地狱。伤兵们集中在臭气熏天的野战医院里，得不到像样的治疗。即使接受了治疗，也有越来越多的伤兵因医院里肮脏的绷带和床单而染病死亡。不仅如此，那里的医生轻视护士，起初甚至不允许护士们在此工作……

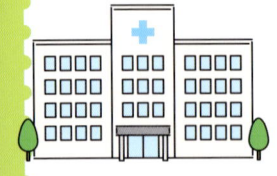

她是如何解决这个问题的?

用成果和数据说话

尽管情况如此严峻，南丁格尔也没有选择放弃。她努力改善医院的环境卫生条件，全心全意地投身到伤兵的护理工作中，成了众人的依靠。最终她成功地将野战医院的死亡率从42%降至5%。

战争结束后，她运用自己的数学专长，根据在野战医院积累的经验、实例和数据，用准确的数字做出了简明易懂的数据资料。她在已有图表的基础上，创造性地绘制出了一系列能够直观呈现数据变化的图表。她运用这些资料，成功地推动了军队医院的改革。之后，她还创办了世界上第一所护士学校，撰写了至今仍被奉为经典的护理教育专著，提出了呼叫护士装置和护士站的概念，奠定了近现代护理学的基础。

南丁格尔能够取得成功，除了坚定的意志和强大的行动力之外，她在哲学、数学、经济学、心理学、历史学、语言学和文学等方面丰富的知识积累，也发挥了不可或缺的重要作用。

结语

坚持己见的同时，
拿出合理充分的理由和清晰易懂的根据，
或许就能说服别人。

烦恼集 37

为什么必须学习啊?

> 我想一直这样懒洋洋的。

不妨试试这样做

1 因为终身受用

你可能想过："为什么要特意练习这辈子都用不上的翻单杠呢？"其实通过练习翻单杠可以锻炼你翻身向上时的平衡感和支持这个动作要用到的肌肉，它们在你捡拾东西或提起重物时都会发挥作用哟。同样，在解开复杂的算术题时学会的思考方式，也能在你的日常对话和写作中派上用场哟。

2 因为学习能提供更多可能性

你已经决定好自己将来想要从事的工作了吗？可是计划往往赶不上变化，即使现在确定了以后也可能改变，对吧？所以为了将来能有更多的可选项，先努力学习吧。许多工作都会设定最低学历要求，只有努力学习才有机会选择更喜欢的工作哟。

3 因为努力才能得到回报

学习就像跑马拉松，越努力，耐力和体能就越能得到提升。虽然成长的步调可能因人而异，但学习是一件只要努力就一定能看见成效的事情。因此，如果想要拥有"努力就能成功"的自信，就努力学习吧。

烦恼集 38

弟弟、妹妹太吵了，无法专心学习！

不妨试试这样做

1 使用耳塞

如果你觉得环境太吵，就尽量屏蔽噪声吧。耳塞很便宜而且很容易买到，可以买一副戴上试试。不过在买之前，别忘了事先和家人商量好用途及使用的地方哟。请不要让家里的其他人随意使用或用作玩具，以免发生危险。

2 面向墙壁

如果你没有属于自己的房间或单独的学习空间，可以试试面向光秃秃的墙壁学习。这样你就不会因为他们的动静而分心，学习效果或许会更好一些。如果再戴上耳塞，不就如同拥有了一个属于自己的小天地吗？

3 跟弟弟妹妹们耐心解释

告诉他们："我现在想专心学习，你们得安静一会儿。"也可以让家里的大人帮忙向弟弟妹妹们解释。虽然他们年纪很小，但也可能会为了你而努力控制自己的。或者可以试试让他们画画或看电视，也都是很有效的方法哟。

烦恼集 39

怎么都学不明白!

手忙脚乱啦——

不妨试试这样做

1 复习课本知识

课本比什么参考书都有用。数学课本中详细记载了从解题方法到答案的所有内容，语文课本中归纳了文章的要点和学过的汉字，理科类及道德与法治的课本则讲解了知识点和思维方法……所以，首先要好好地读课本。

2 一对一讲解

请老师或家人抽出一些时间为你讲讲吧。在集体授课中难以理解的知识点，可以在课后请人为你单独讲解。这样一来，你或许就能很快理解了哟。记得准备好课本，边看书边听讲的理解效果更好，往往能事半功倍。

3 找到不理解的部分

其实"从头到尾都不明白"的人是基本不存在的。如果你能将课堂内容进行分解，找到"在这之前我都懂，但从这里开始我就不懂了"的分界线，那么之后翻书确认或提问时也能更加准确，节省工夫。所以先找出自己是从哪里开始不明白的吧。

烦恼集 40

我体育不好

糟糕！

要掉下去了……

不妨试试这样做

1 注意肚脐的朝向

在体育运动中,保持身体平衡很重要。为增强身体的平衡感,可以多观察体育能手们的肚脐朝向。例如,在投球时,肚脐最初是朝向身旁方向的,但会随着手臂的运动转向前方。通过研究肚脐的朝向来找到练习的突破口吧。

2 找到自己的强项

试着找到自己相对拿手的运动项目。例如,在躲避球运动中,也许对你来说扔球或接球是件难事,但躲避对你来说可能是易如反掌的吧?首先发现自己的特长所在,然后再努力精进吧。

3 与其追求"能做好",不如尽享乐趣

擅长体育的人,自然能够体会到运动的乐趣。但不一定只有"擅长"的人才能享受乐趣。按照你自己的节奏昂扬奔跑,也许会发现迎面而来的风是如此清爽宜人。一步一脚印地习得一项技能,就能"乐在其中"啦。

烦恼集 41

怎样才能把知识牢牢记住?

干劲十足!

不妨试试这样做

1 结合谐音来记忆

背圆周率3.14159的时候，可以按"山顶一寺一壶酒"来记忆：在山顶上，一座寺庙中，桌上有一壶酒，接下来会发生怎样的故事呢？像这样利用谐音编故事可以加深记忆哟。记忆英语单词时也可以试试用谐音。比如wonderful（绝妙的，令人赞叹的）谐音是"万得福"，得到了成千上万的福气当然是绝妙的。

2 理解意思

死记硬背只是一种机械式的记忆方法，不仅难背，还会很快遗忘哟。况且，像13+14=27这样的答案是怎么记都记不完的。但是，如果你理解了其中的原理，那么要记忆的内容就会少很多了哟。最重要的是，你的学习兴趣也会慢慢提升呢。

3 对朋友讲解一遍

如果你想看看自己是否真的掌握了，那就试着教教别人吧。虽然对于这些勉强背下的东西，你可能并不能说得很明白，但既然认真学习过，应该就能很好地表达出来。而且一旦有了"我要教会别人"的意识，就会更加努力地记下来了。

烦恼集 42

我觉得学习好无聊

一坐到书桌前就犯困。

不妨试试这样做

1 准备奖励

想激励自己去完成一些不想做的事，最简单的方法就是给自己准备奖励。比如，做完练习册的第1—10页后奖励自己喝瓶果汁，完成第11—20页后奖励自己玩30分钟游戏……为自己提前准备一些奖励，可以起到激发斗志的作用哟。

2 和朋友一起学习

试试和用功的朋友一起学习，这样不仅能有效控制住自己的惰性，还可以在遇到问题时相互求教呢。若总是求教于人，应该也会因为羞愧而发愤图强吧。

3 做好学习不那么有趣的心理准备

除了自主研究或出于爱好的学习外，基本上就没有什么学习是会让人觉得快乐的。既然如此，那就换个思路，干脆做好学习"不那么有趣"的心理准备，告诉自己这就是个"即使不那么有趣也要全力以赴的训练"或"磨砺心境的修行"。

> 烦恼集
外传

运用脑科学解决学习上的烦恼

大脑很健忘

忘带课本、刚学的汉字转头就忘，这些都不能怪你，而是你大脑的问题。如果把迄今为止所有的事情都牢牢记住，那么大脑就会因过于庞大的信息储备量而停止工作。因此，每次增加新的记忆，大脑就会相应地清理过去的记忆。所以针对重要的事情，我们要不停重复回想，在脑子里形成深刻的印象，或者拿笔记录下来。

困倦是大脑疲惫的表现

你是否有过这样的经历：想熬夜复习考试，却总忍不住打哈欠，上下眼皮不自觉地开始打架？这说明大脑的丘脑正在向你发出"很累了，该睡了"的指令。无论你如何强撑，大脑也会懈怠的，所以干脆乖乖睡觉，第二天再早起继续学习吧。

不擅长的事光是想想就很头疼

面对不擅长的科目，感到痛苦是正常的现象。这是因为在大脑中，当人面对不擅长的事物时，感受疼痛等知觉的岛叶皮质和扣带皮质会表现出一种如烫伤般强烈的排斥反应。克服这种痛苦的方法只有一个，就是克服心理障碍，放松心情，迎接挑战。努力勇敢战胜内心的不安吧。

各种提高记忆力的方法

❶ 紧握双拳

试着在记忆时用右手握住一个球状物体，持续一分钟左右，回想时用左手。左侧额叶负责"记忆"，右侧额叶负责"回忆"，刺激两侧额叶可以促进记忆和回忆。

❷ 用荧光笔做标记

在课本或笔记本上，用荧光笔画出需要背诵的地方。视觉接受的刺激可以活跃大脑。当同一页上的标记较少时，用绿色效果较好；当标记较多时，则用粉色更好。

❸ 闻玫瑰花香

想要巩固记忆时，可尝试边闻玫瑰花香边背诵。与眼睛接收到的信息不同，嗅觉信息可以直接进入大脑皮质，激活与记忆相关的海马体。据说，在睡觉时，芳香的刺激还会强化记忆。

❹ 变换地点和老师

去到一个新地方、遇见一位新老师时，大脑受到刺激，记忆力会有所提高。不过，如果事先对课程信息有所了解，或者两堂课之间的间隔超过四个小时，就不会奏效。

通过晨跑让大脑重启

要想一整天充满活力，关键在于早晨的适量运动。活动一下倦意未消的身体，可以促进血液循环，向大脑源源不断地输送氧气，让你感到神清气爽。不过，刚睡醒时做剧烈运动会适得其反，因此慢跑就足够了。慢跑时脚掌着地的冲击力可以对大脑进行恰到好处的刺激，可谓一举两得。

我的父母感情不和。

零花钱不够花。

爸妈总是生我的气！

我没有手机……

第4章

课余生活和家庭的烦恼

来到最后一章,这一章汇集了一些校园生活以外的烦恼。比如关于家里的,手机的,社交媒体或游戏的烦恼等。这里有你希望解决的烦恼吗?

> 亲人的离世让你很难过吧……

烦恼集 43

爸妈总是生我的气

他们怎么老骂我?

不妨试试这样做

1 和朋友聊聊

被家人唠叨、和家人产生矛盾,每个人或多或少都会遇上这种事。你的朋友也一定有过相似的经历。他们也许能够理解你的感受,并为你提供能够改善现状的建议。

2 在父母心平气和时交谈

对方生气时,很难做到相互理解。平静下来后好好谈一谈,也许他们就能理解你想表达的意思了。要相信,即使他们当时无法理解,之后也可能会注意到你的感受。所以,请不要放弃倾诉自己的情感哟。

3 想想他们为什么唠叨

家人为什么会唠叨你?是不是想让你变得更好?他们是在担心你啦。如果你能想到这一点,感激对方的挂心,哪怕只有一点点,烦恼的心情也会减轻很多哟。

烦恼集 44

爷爷去世了，心里难受

不妨试试这样做

1 尽情宣泄悲伤

最爱的亲人去世，一定会很难过。你不必强忍悲伤哟，就让快乐的过去和爷爷说过的话在脑海一一回放，尽情地哭出来吧。不要憋在心里，任真情流露，或许就能逐渐平复自己的心情。

2 要明白这不是任何人的错

不要一味地责怪自己或他人，不要因为想着"要是当初能多和他说说话就好了"或"本来可以让他更高兴一点"而感到后悔。只有你好好活着，逝去之人才会感到高兴。活出自己的精彩人生，才是亲人最希望看到的。

3 相信对方一直陪伴在你身边

是最爱的人的言传身教成就了今天的你。所以请相信，只要努力生活，你最爱的亲人就会一直陪伴在你的身边。把亲人留下的宝贵记忆珍藏在心中吧。

烦恼集 45

我的父母感情不和

痛痛痛痛痛……

快点出去猎食!

不妨试试这样做

1 要知道这不是你的错

首先，你要记住一点，父母不和并不是你的错，也不是需要你绞尽脑汁去解决的问题。假如你的朋友们在学校吵起来了，你会认为这是你的错吗？很显然那是朋友自己的问题啊。

2 找一个可以逃避的地方

找一找家里是否有清静的地方。如果有自己的房间，就待在房间里做自己喜欢的事。如果没有，也可以选择躲在卫生间里看看书。不过，千万不要把这些事告诉网上的陌生人哟，遇上坏人就危险了。

3 向心理指导老师或专家咨询

可以向学校的心理指导老师求助，或者找到儿童救助保护热线，打电话向他们求助。与专业人士谈谈自己的情况，没准儿能收获一些好的建议，不妨试试看。

烦恼集 46

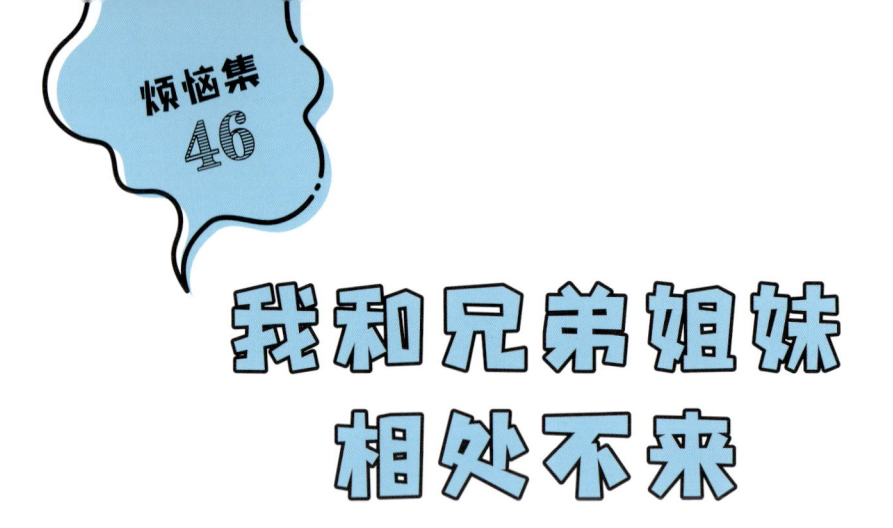

我和兄弟姐妹相处不来

明明是你自己吃掉的!

你偷我果子是吧?

不妨试试这样做

1 不要比较

你有你的优点,兄弟姐妹们也各有长处。你和他们方方面面都不尽相同,如果非要抓着其中一件事做比较,心生不甘也在所难免。不如将视线转向自己擅长的领域,找准方向并不断努力。

2 寻找对方身上的闪光点

观察对方,找到能让你觉得"好厉害"的地方,学习对方身上"自己没准儿也能做到"的长处。比如做事全力以赴、说话温柔体贴、整理东西时手脚麻利等,或许他身上有很多值得效仿的地方哟。你也可以向他请教他的小秘诀。

3 要明白你们的关系总会缓和

随着年龄的增长,每个人的生活和思维方式也会逐渐转变,也许那时你们的关系就会迎来暖春。因此,即使现在关系不好,说不定哪天你们可以冰释前嫌,心平气和地交谈。"没准儿什么时候就变得亲近了",这样想想,是不是会好受一点?

烦恼集 47

父母总是家暴我、欺负我

别这样……

不妨试试这样做

1 至少找一个可靠的大人诉说

找一个无论什么事都会耐心听你诉说的人，可以是学校或兴趣班的老师，或是亲戚。然后，向对方诉说吧。但记得不要一见面就恨不得原地站着说完。这么重要的事，得先找一个安静的地方坐下来，慢慢地把情况讲清楚。

2 拨打儿童救助保护热线

如果实在找不到合适的大人，就拨打儿童救助保护热线吧。遇到困难随时拨打儿童救助保护热线，接听电话的都是经验丰富的叔叔阿姨，一定会耐心倾听的。（注：中国的全国统一儿童救助保护热线号码为12349。）

3 去办公室找老师，让老师看看伤口并寻求他们的帮助

如果不方便打电话，就回学校找班主任，让班主任看看自己的伤口。也可以到学校办公室去找任何一位你信任的老师。教导主任或校长也许更有经验和耐心。鼓起勇气向他们求助吧。

烦恼集

外传

即使是历史名人也会为家庭的烦恼所困

不想继承家业

坂本龙马
（1836—1867）

日本明治维新时代的维新志士、商人，倒幕维新运动活动家，思想家。因促进萨摩和长州二藩成立军事同盟对抗幕府而扬名后世。

肩负众望的继承人

在动荡不安的德川幕府末期奔走于日本列岛，竭力推翻江户幕府的坂本龙马，给世人留下了一个狂放不羁爱自由的形象。实际上，他却因家族的继承问题而终生困扰不已。他虽然出生在土佐藩的一个下士家庭，但家族生意兴隆且涉猎广泛，因此坂本家迫切渴求能有一个聪慧且善于经营之人继承家业。

坂本龙马的父亲去世后，比他年长21岁的大哥暂且成为一家之主，坂本龙马既为次子，就理当作为第二继承人跟着兄长好好学习经营之道。因此，不愿束缚于家庭、向往广阔天地的坂本龙马，终日因兄长要求他回家而烦恼不已。

彼时，两次从江户求学归来的坂本龙马，面临着上下士阶级间爆发的对抗。坂本龙马作为一名充满了行动力和使命感的革命志士，又岂会放过大展拳脚的机会？坂本龙马虽挂念家庭，但他还是下定了决心……

他是如何解决这个问题的?

给自己定下期限，求得谅解

28岁那年，坂本龙马冒着生命危险离开土佐，参加了那场让日本发生天翻地覆改变的革命"明治维新*"。其实，这次挑战是有期限的。坂本龙马离开家乡时，对着兄长实在不敢说出"不愿继承家业"，于是他用一句"40岁前一定回家"的诺言换来了暂时的自由。

到达江户后，坂本龙马先是在胜海舟门下学习船舶驾驶技能，后又成立了一家名为"龟山社中"的商社，主要从事货物运输和贸易中介。与此同时，他还乘坐商社旗下的船只辗转于日本各地，积极调和各藩之间的矛盾。他建立了"萨长同盟"，撰写了被明治政府用作基本政策的文章，成为一名流传千古的志士。

他的结局想必大家都已有所耳闻：江户开城前的五个月，他于京都遇刺身亡，享年33岁。但是，如果当初的坂本龙马屈服于兄长的压力而留在土佐，那么今天的日本又会是怎样一种局面呢？也许还停留在江户时代吧。

* 明治维新：日本在由封建社会向资本主义社会转变时期发生的资产阶级改革运动。

结语

和家里产生矛盾，
并不意味着必须决裂。
好好思考，
想出一个大家都能接受的权宜之策吧。

烦恼集 48

我的房间总是乱糟糟的

雪……真碍事儿!

不妨试试这样做

1 先把东西都装到大袋子里，再一件一件地放好

先把房间里杂乱无章的东西都收进一个大袋子里吧。这样一来，房间片刻间变得整洁干净，人也会感到神清气爽哟。接下来的任务就是把袋子里的东西一一整理好。总之，先一股脑儿地把东西全塞进袋子里，感受"整洁一新"的畅快吧。

2 学会"断舍离"

房间杂乱的原因之一就是东西太多。横下心来，根据需要做好取舍吧。你可以准备一个箱子，将它命名为"三个月后扔掉箱"，然后把不常用到的东西都放进去。如果一件物品真的三个月都没有用到，那么扔掉也无妨了吧。

3 东西用完就放好

善于整理的人都有物归原位的好习惯。用过的东西散落一地，空间就会越发狭小，让人不愿久留。提醒自己不要把东西随意扔在地板上，并有意识地做到用完即归位。

烦恼集 49

零花钱不够花

不妨试试这样做

1 看看自己都把钱花在哪了

是什么导致你的钱包空空？你是否花钱大手大脚，或者有一些本不必要的开销？如果能把每次花钱的用处和金额都记录下来，就能找出不必要的花销，从而学会合理花钱哟。

2 试着问问能不能涨零花钱

整理完自己的账单后，你也可能会发现自己明明没有浪费，钱却根本不够花。如果是这种情况，就和家里人商量一下吧。把自己的记账本拿出来，解释清楚每一笔花销，用事实说话，更具说服力。

3 思考钱财之外的幸福

诚然，没有钱就买不到想要的东西。但即使买不了，生活也能很精彩哟。画画、和朋友一起捉迷藏都是分文不花的娱乐活动，重拾纸牌或家里已有的玩具也不失为一种节省开支的乐趣。试试自己去探索更多的乐趣吧。

烦恼集 50

只有我不合群

我看起来很可怜吗?

不妨试试这样做

1 决定不加入任何"小团体"

如果你从一开始就决定好不加入任何"小团体",也就不会感到被排挤。实际上,即使你成功融入了某些"小团体",也并非一定会快乐。既然如此,不如从一开始就决定好"不加入",让心灵获得自由。

2 告诉自己一定会遇到更合得来的朋友

如果所谓的"朋友"就是那些欺负你、孤立你,或者把你忘得一干二净的人,那么,你真的有必要去与他们亲近吗?就算强行加入这种小团体,说不定还有更糟心的事在等着你呢!那样的小团体,不进也罢。

3 自己搭建朋友圈

如果你因为没有归属感而感到孤独,何不试试自己搭建一个小圈子呢?一味地想要填补负面情绪,难免会让人感到空虚和失落,而新事物的诞生则会让你变得积极向上。所以,与志同道合的人聚在一起,自己组建新的朋友圈吧。

烦恼集 51

我没有手机 所以交不到朋友

已经是个伤心熊了……

不妨试试这样做

1 想想不用手机也能交到朋友的方法

即使没有手机,也可以在学校交到好朋友哟。仔细想想,你想要的会是那些"没有手机就不能做朋友"的"朋友"吗?手机不过是个工具。即使没有手机,只要你们彼此欣赏,也一定能成为很要好的朋友。

2 要知道,有手机并不代表就一定会合群

手机的确是一个便利的工具,但它既有可能"锦上添花",也有可能"雪上加霜"。如果你和身边的朋友控制不住自己,就有可能会因为手机而惹来麻烦。难道缺了手机,就不会再有开心的事了吗?

3 散发神秘感与活力

如果你的周围都是有手机的朋友,那么这正好可以成为一个机会,使你变成人群中最闪耀的那颗星哟。不玩手机也能过得很开心的你,会散发出一种独一无二的魅力。让他们好好看看你是如何没有电子产品也能过得很充实的吧。

烦恼集 52

有人未经允许擅自拍我的照片

真的吗?!

124

不妨试试这样做

1 直接明确告知本人

如果拍照的是小孩,那么他可能意识不到自己的行为已经让对方感到不适,所以可以严肃地告诉他你不喜欢这种行为,并充分说明理由。被拍下的照片很容易被四处传播,所以你要严肃地告诉对方,他的行为也许会导致非常严重的后果。

2 懂法守法

所有人的肖像权都是受到法律保护的,在未经许可的情况下,任何人都无权制作、使用、公开肖像权人的肖像。既然法律中有明文规定,那你完全有理由因被对方擅自拍照而感到不适啊。所以如果不喜欢,那就义正词严地告诉对方吧。

3 请大人帮你转告

如果对方怎么都不肯退让,或者对方是个陌生人(尤其是成年人),那就不要自己出头,可以让大人来帮忙交涉。因为和这种人直接交涉,说不定会让自己陷入更大的麻烦中,所以一定要冷静地妥善应对。

烦恼集 53

我沉迷于社交软件和游戏无法自拔

不妨试试这样做

1 收进箱子

如果做一件事之前的准备要花费超过20秒，那这件事就很难形成习惯。所以，不妨试试将游戏机或手机装进箱子里收起来！只要手机放在手边，你就会情不自禁地玩个不停，但一想到要"先把它从箱子里拿出来开机……"，你就会懒得碰它，除非真的需要用到。

2 连接电源线

我们可以随时随地拿起手机或掌上游戏机，这也是它们令人上瘾的主要原因之一。你可以试试连上电源线，将它们固定在某个地方。如果放在客厅等家人会看到的地方，就不会一直想着玩啦。

3 让家人帮忙

可以告诉家人："我想尽量少玩手机，帮忙监督一下。"然后和他们约好手机的用途和使用时间段，这样他们就会在你控制不住自己的时候出言提醒啦。这个方案在你主动提出请求，而非他人强制的情况下，效果会更为显著哟。

烦恼集

外传

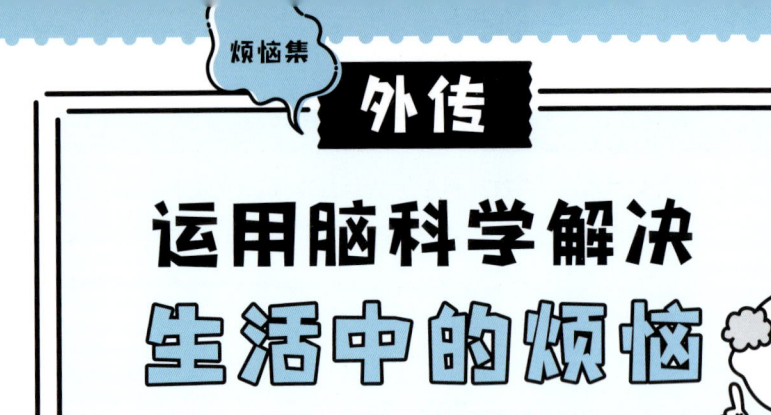

运用脑科学解决生活中的烦恼

压力是会传染给家人的

加拿大一所大学曾用小白鼠做过实验,结果表明压力是会传染的。实验人员给两只小鼠中的一只轻微施加压力,使其海马体中的神经细胞发生变化(海马体与记忆和情感相关)。结果生活在同一空间内的另一只小鼠脑内也出现了类似的变化。小鼠脑内的压力反应与人脑非常相似,由此可见,压力是会被传递到生活在同一屋檐下的家人身上的。

被家人喊错名字可太正常了

你是否有过被家人错喊成了其他兄弟姐妹的经历?这种现象可太正常了,因为人类在记忆名字和语言时,大脑会自动将相似的内容划入同一组别。比如,大脑会把家人的名字归入"亲人"这一组别中,把朋友的名字归入"关系好的人"中,依此类推。因此,叫错名字和两人名字是否相似并无关系哟。这是对方把你当成家人爱着的表现,所以就算把你的名字和兄弟姐妹甚至宠物的名字弄混了,也不用生气哟。

大人和小孩都很健忘

看到家人突然嘀咕："欸？刚才想做什么来着？"的时候，你可能会觉得"大人的脑子生锈了吧"。其实健忘与年龄大并无直接关系，孩子也很健忘啊，只是自己并未在意罢了。况且，孩子和大人在阅历和记忆上的积累都有着很大的差别。所以就算大人有些时候想东西慢一些，也是很正常的事情啦！完全不用担心。

在网络上展示自我可以愉悦心情

很多人都喜欢在社交媒体上分享自己的爱好、想法和经历。其实人们希望展示自己，是因为这会让他们的大脑产生愉悦的感觉。与他人分享自己的经验，就相当于是在分享只有自己才拥有的知识和智慧。这会让人产生一种帮助他人的满足感。因此，勇于展示自己其实也有利于大脑神经回路的发育哟。

"点赞"会让人上瘾

美国一所大学的研究结果表明，在社交媒体上被人"点赞"是会让人上瘾的。该研究让实验对象在社交网站上浏览包括自己在内的一些照片，发现他们只有在看到自己获得"点赞"的照片时，与愉悦有关的伏隔核才会受到明显刺激。这与酗酒或赌博成瘾的成年人的反应完全相同。要小心，对任何东西成瘾都会对你的生活产生巨大影响。

手机和电子游戏会干扰睡眠

"自主神经系统"会全天候不间断地自动调节我们的身体节律。自主神经由负责活跃的"交感神经"和负责休息的"副交感神经"组成，并轮流工作。进入睡眠后，副交感神经会进入活跃期，但如果睡前玩手机或游戏，那么手机的光线和声音就会刺激你的大脑，让交感神经进入兴奋状态。所以要想睡个好觉，就要保证睡前两小时不碰手机或游戏哟。

结语

感谢你一直读到了这里。

一旦遇到烦心事，就会想找一个"解决烦恼的正确方法"，对吧？我非常理解你的感受。

不过读完本书后，或许你已经明白了一个道理：世上本就没有"适合所有人"的唯一解决方法，只有"适合你"的最佳解决方法。

毕竟每个人的性格、思维方式、优缺点、成长环境及学校、朋友和家庭情况都各不相同。因此，最重要的还是掌握分析问题的技巧，找到最适合此时此刻的自己的解决方法。

未来，每个人的幸福都将变得更加多样化。换言之，我们不可能将自己的幸福尽数依托于父母、老师或其他任何人，而是要靠自己的力量找到属于自己的幸福。

但寻找自己的幸福并不是一件简单的事。你要独立思考，做出自己的选择，而不是盲目听从父母的建议或模仿朋友的做法。

其实，眼前的烦心事不正好可以成为锻炼强大内心的好契机吗？遇到问题时，从三个备选方案中找到最适合自己的方法，好好练习，一定会对未来有所助益。

最后，我想告诉勇于直面困惑的你：

一切烦恼和困惑都会成为通往"幸福"的阶梯。所以，不要焦虑。一起努力战胜它们吧！

热海康太

作者介绍

热海康太

小学教师。除教学工作外还常年从事写作、演讲、研讨会、视频制作等工作，并将其视为教学工作以外的第二事业。著有《从今天开始！作业烦恼的解决技巧》（实务教育出版）、《培养阳光、沉稳与自立：提高自我肯定感的方式》（CCC媒体之家）、《实用班级通知！想要告诉孩子的100句话》《彻底改变沟通方式！谈话50招，6种语气尽在掌握》（东洋馆出版社）、《班级管理和教学的要点：猫头鹰玩偶为您支招》（黎明书房）等书籍。

照片提供

aflo.com（Alamy、Robert Harding、浅尾省五、Tierfotoagentur、Picture Press、Biosphoto、Solent News、Arco Images、Minden Pictures、Photoshot、Jon Arnold Images、Ardea、AGE FOTOSTOCK、Alaska Stock、日本熊猫保护协会、田中光常、picture alliance、Juniors Bildarchiv、Kaz Takahashi、Design Pics、松尾）

参考资料

《遗憾？真不简单！超乎想象的大脑百科》白杨社
《伟人也曾有烦恼》枻出版社

Kodomo Moyamoya Kaiketsu BOOK: ~Mofumofu Doubutsuni Iyasarenagara, Minnano Nayamiwo Sukkirisaseru 159 no Hint~
Copyright © 2022 Kota Atsumi
All rights reserved.
First original Japanese edition published by EHONNOMORI Publishing Co., Ltd.
Chinese (in simplified character only) translation rights arranged with EHONNOMORI Publishing Co., Ltd.
through CREEK & RIVER Co., Ltd. and CREEK & RIVER SHANGHAI Co., Ltd.

本书中文简体字翻译版由广州天闻角川动漫有限公司出品并由湖南少年儿童出版社出版。
未经出版者预先书面许可，不得以任何方式复制或抄袭本书的任何部分。

图书在版编目（CIP）数据

帮助孩子解决烦恼：159个实用方法指南 /（日）热海康太著；潘郁灵译. — 长沙：湖南少年儿童出版社，2024.11. — ISBN 978-7-5562-7944-9

Ⅰ.G444

中国国家版本馆CIP数据核字第2024XZ6465号

BANGZHU HAIZI JIEJUE FANNAO
159 GE SHIYONG FANGFA ZHINAN

帮助孩子解决烦恼
159个实用方法指南

[日]热海康太 / 著   潘郁灵 / 译

责任编辑：罗柳娟 尚同乐   策划出品：小天鱼
特约编辑：易 莎 王嘉敏   装帧设计：陈锦娴

出 版 人：刘星保
出　　版：湖南少年儿童出版社
地　　址：湖南省长沙市晚报大道89号
邮　　编：410016   电　　话：0731-82196320
常年法律顾问：湖南崇民律师事务所 柳成柱律师   经　　销：新华书店
字　　数：33千   印　　刷：湖南天闻新华印务有限公司
开　　本：889 mm×1270 mm 1/32   印　　张：4.5
版　　次：2024年11月第1版   印　　次：2024年11月第1次印刷
书　　号：ISBN 978-7-5562-7944-9   定　　价：49.00元

版权所有 侵权必究
本书如有印装质量问题，请与广州天闻角川动漫有限公司联系调换。
联系地址：中国广州市黄埔大道中309号 羊城创意产业园 3-07C
电话：020-38031253 传真：020-38031252
广州天闻角川动漫有限公司常年法律顾问：北京盈科（广州）律师事务所